LAS ELECCIONES GENERALES

KATHRYN WESGATE
TRADUCIDO POR ROSSANA ZÚÑIGA

Gareth Stevens
PUBLISHING

ENCONTEXTO

Please visit our website, www.garethstevens.com. For a free color catalog of all our high-quality books, call toll free 1-800-542-2595 or fax 1-877-542-2596.

Library of Congress Cataloging-in-Publication Data
Title: Las elecciones generales / Kathryn Wesgate.
Description: New York : Gareth Stevens Publishing, 2021. | Series: Conoce las elecciones de Estados Unidos | Includes glossary and index.
Identifiers: ISBN 9781538260593 (pbk.) | ISBN 9781538260616 (library bound) | ISBN 9781538260623(6 pack)
Subjects: LCSH: Presidents—United States—Election—Juvenile literature.
Classification: LCC JK524.W47 2021 | DDC 324.60973—dc23

First Edition

Published in 2021 by
Gareth Stevens Publishing
111 East 14th Street, Suite 349
New York, NY 10003

Copyright © 2021 Gareth Stevens Publishing

Translator: Rossana Zúñiga
Editor, Spanish: María Cristina Brusca
Editor: Kate Mikoley

Photo credits: Cover, pp. 1, 25 Hill Street Studios/DigitalVision/Getty Images; series art kzww/Shutterstock.com; series art (newspaper) MaryValery/Shutterstock.com; pp. 5, 29 Hero Images/Getty Images; p. 7 © iStock/outline205; p. 9 Jeff Greenberg/Universal Images Group/Getty Images; p. 11 Barbara Kalbfleisch/Shutterstock.com; p. 13 Courtesy of the Library of Congress; p. 15 Charles Ommanney/ Getty Images News/Getty Images; p. 17 Joseph Sohm/Shutterstock.com; p. 19 Lisa F. Young/Shutterstock.com; p. 21 Miljan Mladenovic/Shutterstock.com; p. 23 Rob Crandall/Shutterstock.com; p. 27 trekandshoot/Shutterstock.com; p. 30 (top left) JLMcAnally/Shutterstock.com; p. 30 (top right) Joseph Sohm/Shutterstock.com; p. 30 (bottom center) CL Shebley/Shutterstock.com.

Printed in the United States of America

Some of the images in this book illustrate individuals who are models. The depictions do not imply actual situations or events.

CPSIA compliance information: Batch #CS20GS: For further information contact Gareth Stevens, New York, New York at 1-800-542-2595.

Find us on

CONTENIDO

Las palabras del glosario se muestran en **negrita** la primera vez que aparecen en el texto.

TODO SOBRE LAS ELECCIONES

Una elección es la acción de elegir a un candidato para un cargo en el Gobierno. Las elecciones permiten a los votantes opinar y participar en sus comunidades. Hay varios tipos de elecciones. La elección general es la elección final donde se elige a la persona que ocupará el cargo para el que se postula.

SI QUIERES SABER MÁS

Las elecciones generales permiten a la población elegir a los líderes de su comunidad, estado o país. Alcalde, gobernador y presidente son algunos de los cargos que se eligen durante las elecciones generales.

VOTE

5

QUIÉN PUEDE VOTAR

Antes de votar, en la mayoría de las elecciones generales, se requiere que te hayas anotado en un registro oficial. El único estado que no lo exige es Dakota del Norte. Cada estado tiene un sistema diferente para inscribirse y poder votar.

SI QUIERES SABER MÁS

Puedes encontrar información, sobre cómo registrarte, en el sitio de Internet del estado donde vives. También puedes preguntarles a tus padres o tu maestro.

Voter Registration Application

s form, review the General, Application, and Stat

This space fo

s of America?

re election day?

either of these questions, do not complete form.

for rules regarding eligibility to register prior to age 18.)

Yes

Yes

No

No

First Name

Apt. or Lot #

City/Town

Name

City/T

7

Para votar en una elección general, debes tener por lo menos 18 años de edad. También debes ser **ciudadano** estadounidense. Los estados también pueden tener reglas adicionales. Por ejemplo, en algunos estados, las personas que han violado alguna ley no pueden votar.

SI QUIERES SABER MÁS

En algunos estados puedes registrarte para votar a la edad de 16 años. Aunque no puedas votar hasta que cumplas los 18 años, ¡estarás listo cuando los cumplas!

DÍA DE ELECCIONES

Las elecciones generales **federales** se realizan el martes que sigue al primer lunes de noviembre. Esto comenzó en 1845, cuando la mayoría de los votantes eran agricultores y les llevaba mucho tiempo llegar hasta sus **lugares de votación.**

SI QUIERES SABER MÁS

Antes de las elecciones, los **candidatos** suelen realizar campañas y tratan de convencer a la gente para que voten por ellos.

En el siglo XIX, ¡llegar hasta
el lugar de votación podía llevar
todo un día! Si las elecciones
se hubieran hecho durante los
fines de semana, o los lunes,
los votantes habrían tenido que
viajar desde el domingo;
pero mucha gente iba a
la iglesia los domingos. Realizar
las elecciones los martes era
lo más razonable. Esta costumbre
continúa hasta nuestros días.

SI QUIERES SABER MÁS

El miércoles tampoco era conveniente porque era el día de feria, un día en que los agricultores iban a la ciudad a ofrecer sus cosechas.

DEMÓCRATAS Y REPUBLICANOS

En Estados Unidos existe el sistema bipartidista. Esto significa que, si bien hay varios **partidos políticos**, la mayoría de los votantes eligen a sus candidatos de entre uno de los dos partidos principales. En Estados Unidos tenemos el Partido Demócrata y el Partido Republicano.

14

SI QUIERES SABER MÁS

Antes de la elección, los candidatos suelen participar en eventos, llamados debates, donde discuten sus ideas sobre diferentes temas.

ELEGIR AL CANDIDATO

Antes de una elección general, siempre hay una elección primaria. Es entonces, cuando en un partido político eligen al candidato que el partido postulará en las elecciones generales. Por ejemplo, en una elección primaria presidencial del Partido Demócrata, los votantes eligen al candidato demócrata que participará en las elecciones presidenciales generales.

SI QUIERES SABER MÁS

En una elección primaria cerrada, los votantes deben ser parte del partido político por el que van a votar. En una elección primaria abierta un elector puede votar por cualquier candidato político.

ELEGIR AL PRESIDENTE

Cuando hablamos de una elección general, nuestro primer pensamiento podría ser que se trata de una elección para elegir al presidente y el vicepresidente. Estas elecciones generales suceden cada cuatro años y son las que tienen el mayor número de **participación electoral**.

SI QUIERES SABER MÁS

Durante las elecciones presidenciales, la mayoría presta atención a los candidatos que se postulan para presidente y vicepresidente, ¡pero también hay otros cargos para elegir en las **papeletas**!

Los presidentes electos cumplen un **término** de cuatro años y pueden servir hasta dos términos. En las elecciones presidenciales generales, los ciudadanos eligen a quién darle estos cargos. El resultado de sus votos se llama voto popular.

SI QUIERES SABER MÁS

Cada estado tiene un número de **electores** basado en su **población**. El voto popular decide cuáles electores pueden votar. Estos votos del Colegio Electoral deciden quién será el presidente.

21

ELEGIR AL CONGRESO

Las elecciones generales para elegir a los miembros del Congreso se realizan cada dos años, durante los años pares. Algunas veces estas elecciones coinciden con las elecciones presidenciales; pero cuando no coinciden, se les llama elecciones de mitad de término.

SI QUIERES SABER MÁS

El Congreso está formado por dos partes: el Senado y la Cámara de Representantes. Los senadores son elegidos por un término de seis años y los miembros de la Cámara de Representantes por dos años.

Cada estado tiene dos senadores. El número de miembros que un estado tiene en la Cámara de Representantes depende de su población. Las elecciones generales, para elegir a estos líderes, son importantes porque su trabajo es el de velar por los intereses de su estado o **distrito electoral**.

SI QUIERES SABER MÁS

Las elecciones para el Congreso se deciden por voto popular, no por el voto del Colegio Electoral.

25

MÁS ELECCIONES

Dependiendo de donde vivas, las elecciones generales de un estado o de los líderes de la comunidad pueden llevarse a cabo en diferentes momentos durante el año. También se pueden realizar en diferentes años que las elecciones para el Congreso o para presidente. Las elecciones generales estatales son para elegir cargos como gobernador y en la **legislatura** estatal.

SI QUIERES SABER MÁS

Las elecciones generales locales son para elegir a los líderes de la comunidad. En las ciudades, estas personas suelen trabajar en un edificio llamado municipio.

CITY HALL

USAR TU VOZ

Las elecciones generales dan la oportunidad a los ciudadanos de tener voz en sus Gobiernos. Es importante recordar que estas elecciones se realizan cada cuatro años. Empieza por conocer a los líderes y gobernantes ahora y ¡estarás preparado para votar cuando cumplas los 18 años!

SI QUIERES SABER MÁS

Tal vez seas muy joven para votar ahora, pero
puedes conversar con los miembros de tu familia
sobre lo importante que es ser parte de
las elecciones generales.

FORMAS DE VOTAR

Asistir a los centros de votaciones no
es la única forma de votar. Estas son
otras formas de hacerlo:

VOTACIÓN ANTICIPADA

La mayoría de estados tienen
períodos establecidos donde
la gente puede votar antes
del día de la votación.

VOTO ELECTRÓNICO

Algunos estados permiten a sus
electores, que viven fuera
del país, votar en línea a través
de un sitio de Internet específico
o por correo electrónico.

VOTAR POR CORREO

Si el elector no puede asistir
a su lugar de votación el día
establecido, puede obtener una
papeleta de votación con antici-
pación para enviarla por correo.